GARY CHAPMAN

Die 5 Sprachen der Liebe

für Wenig-Leser

Francke

Über den Autor:

Gary Chapman hat Anthropologie studiert und war viele Jahre in der Paarberatung tätig. Er ist Autor zahlreicher Bücher und als Experte für Beziehungsfragen international bekannt. Mit seinem New York Times-Bestseller »Die 5 Sprachen der Liebe«, der in über 60 Sprachen übersetzt wurde, hat er einen neuen Schlüssel zur Kommunikation gefunden und ein Millionenpublikum erreicht. Zusammen mit seiner Frau Karolyn lebt er in North Carolina.

14. Auflage 2025
ISBN 978-3-86827-347-2

Originaltitel: The five love languages

Deutsch von Ingo Rothkirch
Umschlaggestaltung und Illustrationen: Sven Gerhardt
Satz: Francke-Buch GmbH
Printed in Czech Republic

www.francke-buch.de
info@francke-buch.de

Inhaltsverzeichnis

Wo ist die Liebe nach der Hochzeit geblieben?

Der Wunsch nach romantischer Liebe in der Ehe ist tief verwurzelt in unserer Seele. Aber die Liebe zu erhalten ist offenbar keine leichte Aufgabe.

Das Problem ist, dass wir oft eine ganz wichtige Tatsache übersehen: Die Menschen sprechen alle ganz unterschiedliche Sprachen der Liebe. Wir müssen bereit sein, die Sprache der Liebe unseres Gegenübers zu lernen. Erst so können wir uns in der Liebe verständlich machen.

> Die fünf Sprachen der Liebe sind der Schlüssel zu einer lang andauernden und liebevollen Beziehung.

Paare sprechen selten von Haus aus dieselbe Sprache der Liebe. Im Normalfall reden wir in der uns vertrauten Sprache und sind ganz verblüfft, wenn unser Gegenüber gar nicht versteht, was wir vermitteln wollen. Wenn wir wollen, dass unser Partner die Liebe, die wir zu vermitteln suchen, auch spürt, müssen wir sie in seiner Muttersprache zum Ausdruck bringen.

Fast alles, was zum Thema Liebe geschrieben worden ist, deutet darauf hin, dass die Bereitschaft, etwas zu schenken, zum Kern der Liebe gehört. Bei allen fünf Sprachen der Liebe geht es darum, dem Partner oder der Partnerin etwas zu schenken.

Rechtzeitig tanken

Zur Existenzgrundlage des Menschen gehört das Verlangen, jemandem vertrauen zu können und geliebt zu werden. Eine Partnerschaft ist dazu da, dieses Bedürfnis nach Nähe und Liebe zu stillen.

Das Verlangen nach wahrer Liebe bildet den Kern unserer Sehnsüchte.

Ich bin davon überzeugt, dass es genauso wichtig ist, in einer Beziehung den „Liebestank“ gefüllt zu haben, wie wir beim Auto darauf achtgeben müssen, dass das Benzin nicht ausgeht.

Wie immer Ihre Partnerschaft im Augenblick auch aussehen mag, verbessert werden kann sie allemal.

WARNUNG: Wer die fünf Sprachen der Liebe kennt und die Muttersprache der Liebe seines Partners oder seiner Partnerin beherrscht, muss mit radikalen Verhaltensänderungen rechnen! Menschen benehmen sich anders, wenn ihr Liebestank gefüllt ist.

Liebe im Überschwang

Vor der Hochzeit träumen wir von den Freuden des Ehelebens. Es fällt schwer, den Tatsachen ins Auge zu sehen, wenn man verliebt ist. Leider ist das Verliebtsein ohne Ende ein Fantasiegebilde. Wir waren falsch informiert, weil wir glaubten, die Hochstimmung sei von Dauer.

Liebe macht blind!

Durch die Euphorie der Verliebtheit leben wir mit der Illusion, wir hätten eine vertraute Beziehung zur Partnerin oder zum Partner. Wir sind davon überzeugt, dass er – oder sie – sich mit aller Hingabe darum bemüht, uns Gutes zu tun. Der Partner wird uns schon so lieben, wie wir ihn lieben, und er wird niemals etwas

Verliebtsein dauert im Schnitt zwei Jahre.

tun, was uns verletzen könnte. Wer so denkt, ist immer auf dem Holzweg. Uns ist einfach der Realitätssinn abhandengekommen. Dem Wesen nach sind wir nämlich Egoisten. Niemand ist wirklich selbstlos.

Wenn wir verliebt sind, ist es uns nicht wichtig, ob wir uns weiterentwickeln. Wir haben vielmehr das Gefühl, das Ziel sei schon erreicht.

Wir sollten die Verliebtheit als das einordnen, was sie in Wahrheit ist – ein zeitweiliges Hochgefühl – und nun darangehen, die wahre Liebe zu unserer Partnerin oder zum Partner zu suchen. Diese Liebe verbindet Verstand und Gefühl. Sie verlangt den Willensakt und erfordert Disziplin und die Reife der Persönlichkeit ist in ihrem Interesse. Unser fundamentals-

Liebe ist immer auch eine Entscheidung.

tes seelisches Bedürfnis ist nicht das Verliebtsein, sondern das Gefühl, von einem Gegenüber wirklich geliebt zu sein.

Wenn die Liebe eine Willensbekundung ist, dann steht es allen Paaren offen, auch dann noch zu lieben, wenn sich die Euphorie der Verliebtheit längst gelegt hat.

Lob und Anerkennung

Sprache der Liebe Nummer 1: Lob und Anerkennung

Eine Möglichkeit, Liebe auszudrücken, ist der Gebrauch Mut machender Worte. Komplimente sind wirkungsvolle Kommunikatoren der Liebe: „Du siehst richtig gut aus in deinem neuen Outfit!“ – „Ui, das Kleid steht dir aber gut!“ – „Keiner macht die Pizza so gut wie du. Die schmeckt immer.“ – „Es war lieb von dir, dass du gestern Abend noch abgewaschen hast.“ – „Danke, dass du den Babysitter für heute Abend organisiert hast. Für mich ist das nicht selbstverständlich.“

Das Ziel der Liebe ist nicht, die eigenen Wünsche erfüllt zu bekommen, sondern zum Wohlergehen des geliebten Menschen beizutragen. Tatsache ist aber auch, dass wir durch jedes Lob motiviert werden, uns dem anderen erkenntlich zu zeigen.

Ein anderer Dialekt dieser „Liebessprache" ist die Ermutigung. Das, was bei unserem Partner oder der Partnerin durch Ängste und Unsicherheit schlummert, wartet vielleicht nur darauf, von uns durch ermunternde Worte geweckt zu werden. Vielleicht hat Ihre Partnerin ungeahnte Fähigkeiten. Dieses Potenzial wartet nur auf ein ermutigendes Wort von Ihnen.

»Ich kann zwei Monate von einem netten Kompliment leben.« Mark Twain

Beachten Sie bitte, dass es mir um eines keineswegs geht: Sie sollten Ihren Partner nicht unter

Du siehst heute aber toll aus, Schatz!
Warst du beim Frisör?

Druck setzen, etwas zu tun, was Ihnen gerade behagt. Ich spreche vielmehr davon, wie man ein bereits bestehendes Interesse weckt.

Wartet Ihr Partner oder Ihre Partnerin vielleicht auf ein ermutigendes Wort von Ihnen?

Ermutigen kann nur, wer mitfühlt und die Welt mit den Augen der Partnerin sieht. Zuerst müssen wir in Erfahrung bringen, was unserer Partnerin wichtig ist. Nur dann können wir unserem Gegenüber wirklich Mut zusprechen. Wir vermitteln dann die Botschaft: „Du bist mir wichtig. Ich bin an deiner Seite. Wie kann ich dir helfen?"

Liebe ist Freundlichkeit. Wenn wir unsere Liebe also in Worte kleiden wollen, so müssen es freundlich klingende Worte sein. Die Liebe führt nicht Buch über die Versäumnisse des anderen.

So manches Mal haben wir unsere Partnerin vielleicht gekränkt. Wir können das Vergangene zwar nicht ungeschehen machen, aber wir können um Verzeihung bitten und eingestehen, dass es verkehrt war. Vergebung ist kein Gefühl, sondern eine bewusste Entscheidung. Vergebung ist eine Ausdrucksform der Liebe.

Die Liebe bittet, stellt aber keine Forderungen. Wenn wir einander lieben wollen, müssen wir wissen, was der andere sich wünscht. Wenn Sie an Ihren Partner eine Bitte richten, geben Sie ihm das Gefühl, etwas wert zu sein und etwas entscheiden zu können. Stellen Sie aber immer nur Forderungen, dann sind Sie nicht mehr die liebende Partnerin, sondern ein Tyrann. Liebe bedeutet immer Entscheidungsfreiheit.

Loben Sie Ihre Partnerin in Gegenwart anderer!

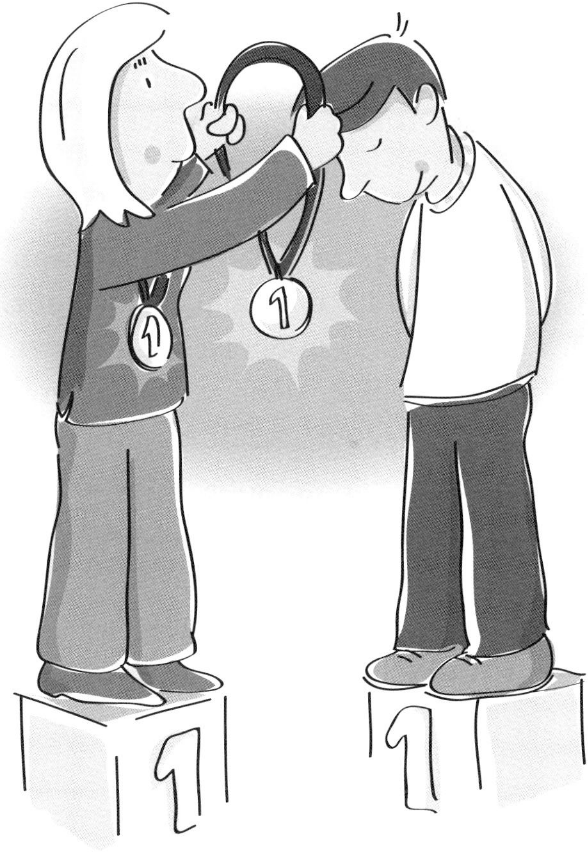

Lob und Anerkennung ist eine der fünf Grundsprachen der Liebe. Zu ihr gehören aber auch viele verschiedene Dialekte. Wenn Sie nicht der Mensch sind, der gern viele Worte macht, und wenn Lob nicht Ihre Muttersprache der Liebe, sondern die Ihres Partners oder Ihrer Partnerin ist, dann sollten Sie sich entweder auf Ihrem Handy Notizen in einer App machen oder ein kleines Heft anlegen und darauf schreiben: „Lob und Anerkennung". Schreiben Sie alles auf, was Ihnen eine Anregung sein kann. Nach einer gewissen Zeit werden Sie eine ansehnliche Liste von anerkennenden Worten aufgestellt haben, die Ihnen hilft, Ihrem Partner oder Ihrer Partnerin verständlich zu machen, wie sehr Sie ihn bzw. sie lieben.

Zweisamkeit

Sprache der Liebe Nummer 2: Zweisamkeit

Wenn wir uns als Paar zwanzig Minuten ungeteilte Aufmerksamkeit schenken, dann schenken wir uns zwanzig Minuten unseres Lebens. Diese zwanzig Minuten werden wir niemals wiederbekommen. Wir verschenken etwas von unserem Leben, aber damit wird auch sehr viel Liebe vermittelt. Ungeteilte Aufmerksamkeit bedeutet: dass man beim Gespräch nicht die Zeitung liest oder auf dem

Miteinander statt nebeneinander!

Handy tippt, sondern dass man sich in die Augen schaut, dass man aufmerksam zuhört oder etwas gemeinsam erlebt, was beiden viel bedeutet.

Zweisamkeit bedeutet nicht, dass wir unsere Zeit damit verbringen, einander schweigend in die Augen zu schauen. Zweisamkeit herrscht, wenn wir gemeinsam etwas tun und dabei einander unsere Aufmerksamkeit schenken, wenn die Tatsache im Mittelpunkt steht, dass wir Zeit miteinander verbringen.

Die Zweisamkeit als Liebessprache hat verschiedene Dialekte. Dazu gehört vor allem der intensive Gedankenaustausch – über Erfahrungen, Gedanken, Gefühle und Sehnsüchte. Wenn Ihre Partnerin die Zweisamkeit als Muttersprache der Liebe erlernt hat, dann sind solche Zwiegespräche ganz wichtig, damit sie das Gefühl bekommt, geliebt zu werden.

Viele von uns haben es gelernt, Probleme zu erkennen und Lösungen zu finden. Wir vergessen allerdings oft, dass die Ehe keine zu erfüllende Aufgabe und kein zu lösendes Problem ist, sondern eine lebendige Beziehung. Eine Beziehung verlangt, dass wir aufmerksam zuhören. Unser Anliegen muss dabei sein, die Gedanken, Gefühle und Sehnsüchte des anderen zu verstehen. Das Zuhören mag genauso schwerfallen wie das Erlernen einer Fremdsprache.

EIN PAAR PRAKTISCHE TIPPS DAZU:

1. Halten Sie Augenkontakt, wenn Ihre Partnerin oder Ihr Partner mit Ihnen redet.

2. Wenn Sie Ihrem Gegenüber zuhören, sollten Sie nichts anderes nebenbei tun.

3. Hören Sie genau hin, was den anderen bewegt.

4. Beachten Sie die Körpersprache.

5. Halten Sie sich zurück und unterbrechen Sie die Partnerin oder den Partner nicht.

Zum echten Zwiegespräch gehört auch, dass wir uns öffnen. Viele von uns haben als Erwachsene gelernt, ihre Gefühle zu verleugnen. Wenn Sie wirkliche Zwiesprache erst lernen müssen, sollten Sie sich notieren, was Sie unterwegs erleben und dabei empfinden. Fragen Sie sich im Lauf des Tages ein paar Mal: „Welche Gefühle hatte ich in den letzten Stunden?“

Bei jedem Ereignis in unserem Leben spielen Emotionen, Gedanken, Wünsche und schließlich Handlungen eine Rolle. Die Bereitschaft, solche Vorgänge dem anderen nachvollziehbar zu machen, nennen wir Selbstoffenbarung.

Nehmen Sie Kontakt zu Ihren Gefühlen auf!

Wenn Sie den „Dialekt“ des Zwiegesprächs erlernen wollen, könnten Sie täglich eine Zeit für den Gedankenaustausch vereinbaren, in der Sie über drei Erlebnisse des Tages und die damit verbundenen Gefühle sprechen.

Ein weiterer Dialekt sind gemeinsame Unternehmungen. Entscheidend ist nicht, was man tut, sondern warum man es tut. Es kommt darauf an, etwas gemeinsam zu erleben und dabei das Ge-

Mit dir zu shoppen macht immer richtig Spaß!
Was du nicht sagst …

fühl zu haben: Der Partner bzw. die Partnerin ist an mir interessiert. Man kann so vieles gemeinsam tun – einen Garten anlegen, einen Flohmarkt besuchen, einen Bummel machen, Musik hören, ein Picknick veranstalten, lange Spaziergänge machen oder gemeinsam einen Podcast hören. Es ist nicht immer leicht. Es verlangt sorgfältige Planung.

Unsere Persönlichkeit beeinflusst zwar unser Verhalten, sie beherrscht es aber keineswegs.

Müssen wir ein paar persönliche Dinge aufgeben? Vielleicht. Müssen wir ab und zu Dinge tun, die uns nicht sonderlich interessieren? Ganz bestimmt. Lohnt sich das? Zweifellos! Es stellt sich

Ein Nebenprodukt gemeinsamer Unternehmungen ist das Guthaben an schönen Erinnerungen.

Freude ein, weil wir mit einer Partnerin oder einem Partner zusammenleben, der sich dadurch geliebt fühlt, dass wir seine Muttersprache der Liebe fließend sprechen.

Geschenke

Sprache der Liebe Nummer 3: Geschenke

Wenn die Muttersprache der Liebe Ihrer Partnerin oder ihres Partners das Schenken ist, dann können Sie es lernen, mit viel Fantasie immer das Richtige zu finden. Diese Sprache der Liebe ist besonders leicht zu erlernen.

Wenn ich jemanden beschenke, dann beschäftige ich mich gedanklich mit ihm. Und das Geschenk ist ein Symbol für dieses Daran-Denken. Es spielt dabei überhaupt keine Rolle, ob es Geld gekostet hat. Entscheidend ist nur, dass da jemand an mich gedacht hat. Aber nicht der flüchtige Gedanke selbst zählt, sondern die Tatsache, dass er konkret wird durch die Handlung des Aussuchens und Übergebens. So wird die Liebe sichtbar.

> In jeder Kultur spielt das Schenken eine unverzichtbare Rolle im Liebes- und Eheleben der Menschen.

Geschenke sind sichtbare Zeichen der Liebe, die für manche Menschen wichtiger sind als für andere. Deshalb ist die Einstellung zum Tragen der Eheringe auch ganz unterschiedlich. So gibt es Menschen, die ihren Ring nach der Hochzeit niemals mehr abziehen. Für sie bedeutet dieser Ring ein Geschenk der Partnerin oder des Partners – das Geschenk der Liebe und Ehe. Für andere dagegen hat der Ehering keine tiefere Symbolik und sie legen ihn schnell zur Seite – obwohl sie ihren

Partner ebenso lieben! Hier wird wieder deutlich, dass die Menschen ganz unterschiedliche Sprachen der Liebe sprechen.

Geschenke müssen nicht teuer sein. Ein Praxistipp: Machen Sie sich im Handy eine Liste all der

Geschenke, über die sich Ihre Partnerin oder Ihr Partner im Laufe der Jahre gefreut hat. Durch diese Aufstellungen gewinnen Sie einen Eindruck, über welche Art Geschenk sie oder er sich am meisten freut. Wenn Sie sich beim Auswählen von Geschenken immer noch unsicher sind, dann erbitten Sie den Rat von Familienangehörigen, die Ihre Partnerin oder Ihren Partner kennen.

Wenn Sie es lernen wollen, schöne und fantasievolle Geschenke zu machen, dann muss sich möglicherweise Ihre Einstellung zum Geld ändern. Sind Sie ein typischer Sparer, wird sich bei Ihnen Widerstand regen bei der Idee, als ein Zeichen Ihrer Liebe Geld auszugeben. Sie sollten begreifen, dass alles, was Sie für Geschenke ausgeben, die allerbeste Investition ist.

Warten Sie nicht auf einen besonderen Anlass für ein Geschenk!

Sie investieren in Ihre Beziehung, und Sie füllen den Liebestank desjenigen, den Sie lieben. Mit einem Vorrat an Liebe ausgestattet, wird er Ihnen etwas zurückerstatten können, und zwar in einer Liebessprache, die auch Sie verstehen.

Es gibt ein Geschenk, das manchmal lauter spricht als jede Gabe, die wir überreichen können. Es ist das Geschenk der eigenen Person, das Geschenk der persönlichen Gegenwart. Sie können Ihrer Partnerin, die die Liebessprache des Schenkens spricht, kein größeres Geschenk machen, als in Zeiten der Krise gegenwärtig zu sein. Und wenn Ihnen selbst die persönliche Gegenwart des Partners wichtig ist, dann sollten Sie ihm das auf jeden Fall sagen. Verlangen Sie nicht, dass er Ihre Gedanken liest.

Hilfsbereitschaft

Sprache der Liebe Nummer 4: Hilfsbereitschaft

Hier geht es um all die Gefälligkeiten und Dienstleistungen, die man aus Liebe für den anderen tut. Man ist dazu bereit, weil der Partner oder die Partnerin es sich wünscht. Man möchte dem andern eine Freude machen, indem man ihm einen Dienst erweist. Und das ist ein Ausdruck von Liebe. All diese Tätigkeiten wie kochen, den Tisch decken, abwaschen, saugen, Windeln wechseln, das Schlafzimmer renovieren, die Bücher entstauben, das Auto waschen, den Rasen mähen, den Hund Gassi führen – all das sind Dienstleistungen aus Hilfsbereitschaft. Sie erfordern zwar Planung, Zeit, Mühe und Kraft. Doch in einem positiven Geist erledigt, sind sie Ausdrucksformen der Liebe. Liebe ist schließlich immer nur ein Geschenk. Liebe kann man nicht einfordern. Viele Menschen werden bestätigen, dass sie sich vor allem dann geliebt fühlen, wenn die Partnerin oder der Partner hilfsbereit ist und ihnen Gutes tut. Das ist eine unmissverständliche Botschaft für denjenigen, für den jede Handreichung eine Liebesbekundung ist. Warum haben manche Paare dann so viele Probleme miteinander, wenn sie doch dieselbe Liebessprache sprechen? Der Grund ist: Ihre Dialekte unterscheiden sich. Sie setzen sich zwar grundsätzlich füreinander ein, aber sie tun nicht, was für den anderen besonders wichtig ist.

> Jesus gab seinen Jüngern ein Beispiel, wie die Liebe füreinander sichtbar werden kann, indem er ihnen die Füße wusch.

Da der Trockner kaputt ist,
habe ich die nasse Wäsche einfach
in die Mikrowelle gesteckt …

NOCH DREI GEDANKEN DAZU:

1. Was wir vor der Ehe füreinander tun, lässt noch nicht darauf schließen, was wir nach der Hochzeit tun werden.

2. Liebe kann nur aus freien Stücken verschenkt werden; man kann sie nicht erzwingen.

3. Das, was mein Partner an mir kritisiert, ist der deutlichste Hinweis darauf, welche Muttersprache der Liebe er spricht. Denn wir kritisieren oft da am heftigsten, wo für uns emotional der größte Mangel herrscht. Wenn wir das durchschauen, können wir dem kritischen Partner beispielsweise erwidern: „Was du kritisierst, muss sehr wichtig für dich sein. Bitte erkläre mir, worauf es dir ankommt." Wenn dann ein Gespräch in Gang kommt, kann das gegenseitige Verständnis wachsen.

Die Liebessprache der Hilfsbereitschaft zu erlernen wird für einige von uns bedeuten, dass wir unsere klischeehaften Vorstellungen von den

Wunschzettel:
Welche freiwilligen Hilfsangebote Ihres Gegenübers geben Ihnen besonders das Gefühl, geliebt zu werden?

Rollen von Mann und Frau überdenken. Um Ihre Liebe wirklich verständlich zu machen, müssen Sie bereit sein, Klischees und Vorurteile infrage zu stellen. Denken Sie immer daran, dass es zu nichts führt, wenn man an stereotypen Vorstellungen krampfhaft festhält. Die Atmosphäre in einer Beziehung verändert sich zum Positiven, wenn man die Muttersprache der Liebe vom Partner lernt und sich entschließt, sie auch zu sprechen.

Zärtlichkeit

Sprache der Liebe Nummer 5: Zärtlichkeit

Zärtlichkeiten sind ebenso ein ausgezeichnetes Medium für die Liebe. Das Berühren der Hände, das Küssen und Umarmen und der Geschlechtsverkehr sind Ausdrucksmittel für die Liebe zur Partnerin oder zum Partner. Für manche Menschen sind Zärtlichkeiten die Muttersprache der Liebe. Ohne sie fühlen sie sich ungeliebt. Werden sie aber ausgiebig zärtlich berührt, dann füllt sich ihr Liebestank und sie sind sich der Liebe ihrer Partnerin oder ihres Partners sicher.

DRÜCKEN

Berührungen können eine Beziehung knüpfen oder zerstören. Sie können Hass oder Liebe vermitteln. Für diejenigen, deren persönliche Liebessprache die Zärtlichkeiten sind, wird jede Berührung eine deutlichere Botschaft senden als jedes verbale „Ich liebe dich“.

Haben Sie erst einmal herausbekommen, dass Zärtlichkeiten zur Liebessprache Ihrer Partnerin oder Ihres Partners gehören, dann können Sie Ihrer Fantasie freien Lauf lassen. Sich neue Zärtlichkeiten und ungewohnte Orte dafür auszudenken, kann Ihre Beziehung spannend machen.

> Nicht alles, was Ihnen Freude bereitet, macht auch Ihrem Gegenüber Spaß.

Wenn Sie es nicht gewohnt sind, heimlich unterm Tisch zärtliche Bande zu knüpfen, dann kann ein Versuch

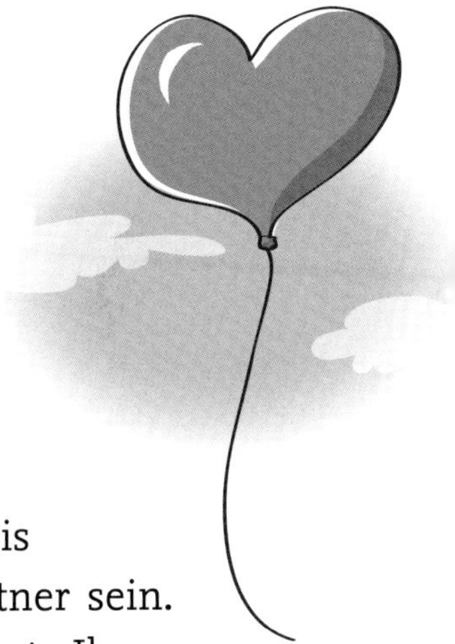

beim nächsten Essengehen dem Abend die nötige Würze liefern. Wenn Sie es nicht gewohnt sind, in der Öffentlichkeit Hand in Hand zu gehen, kann ein Spaziergang, bei dem Sie sich an den Händen fassen, ein Liebesbeweis für die Partnerin oder den Partner sein. Sollten Sie vor Fahrtbeginn im Auto Ihrem Partner normalerweise keinen Kuss geben, dann sollten Sie es einmal ausprobieren. Vielleicht wird dann die Fahrt noch einmal so schön. Eine Umarmung, bevor Ihr Partner zum Einkaufen geht, ist nicht nur ein Zeichen von Zuneigung, sie bringt ihn auch wieder schneller nach Hause. Probieren Sie auch einmal ungewohnte Zärtlichkeiten an ungewohnten Orten aus. Achten Sie dabei immer auf die Reaktion des anderen, ob er

oder sie etwas gut findet oder nicht. Vergessen Sie nicht: Ihr Gegenüber hat das letzte Wort. Schließlich wollen Sie ja seine Sprache lernen.

> »Als ich anfing, von mir aus zärtlich zu sein, hatte ich plötzlich einen ganz neuen Mann.«

Gerade in Krisenzeiten suchen wir instinktiv die Nähe des andern. Dies tun wir, weil der Körperkontakt immer ein wirkungsvoller Kommunikator der Liebe ist. Wenn wir in Schwierigkeiten stecken, brauchen wir nichts so sehr wie das Gefühl, geliebt zu werden. In jeder Beziehung wird es irgendwann Krisen geben. Enttäuschungen sind ein Teil unseres Lebens. Deshalb können Sie auch Ihrem Partner in Zeiten der Krise kaum etwas Besseres tun, als ihm Ihre Liebe zu zeigen. Wenn Ihre Partnerin Zärtlichkeit als wichtigsten Liebesbeweis versteht, dann ist ihr bei Leid und

Schmerz nichts wichtiger als eine Trost spendende Umarmung. Ihre Worte mögen wenig bewirken, aber Ihre Berührung wird sie als Liebesbeweis verstehen, und sie wird sich geborgen fühlen.

Viele Menschen sehnen sich danach, dass ihr Partner die Hand ausstreckt und sie berührt. Für sie ist es fast lebensnotwendig, dass ihnen der Partner oder die Partnerin durchs Haar streicht und den Rücken massiert, dass sie sich bei den Händen halten, sich umarmen und den Höhepunkt der Liebe erleben.

Entdecken Sie Ihre Muttersprache der Liebe

Entdecken Sie Ihre Muttersprache der Liebe

Wenn Sie den Liebestank Ihres Gegenübers immer gefüllt wissen wollen, ist es entscheidend, dass Sie die Muttersprache der Liebe Ihrer Partnerin oder Ihres Partners kennenlernen. Jetzt wollen wir aber sicherstellen, dass Sie auch wissen, welche Sprache der Liebe Sie sprechen.

AUFSCHLUSSREICHE FRAGEN DAZU:

- ? Wodurch wird Ihnen am deutlichsten bewusst, dass Ihre Partnerin oder Ihr Partner Sie liebt?
- ? Wonach sehnen Sie sich am meisten?
- ? Oder umgekehrt gefragt: Was kränkt Sie ganz besonders am Verhalten Ihres Gegenübers? Das Gegenteil davon ist wahrscheinlich Ihre persönliche Liebessprache.
- ? Was erbitten Sie besonders häufig von Ihrer Partnerin oder Ihrem Partner? Das, was Sie am häufigsten erbitten, ist für Sie wahrscheinlich auch der unmissverständlichste Liebesbeweis.
- ? Auf welche Weise bekunden Sie anderen Ihre Liebe? Die Ausdrucksmittel, die Sie benutzen, würden wahrscheinlich auch Ihnen die Botschaft vermitteln, dass Sie sich geliebt fühlen können.

Was ist aber, wenn einem die Liebessprache der Partnerin oder des Partners überhaupt nicht liegt? Die Antwort liegt in einem entscheidenden Merkmal unseres Menschseins: Wir sind Geschöpfe mit einem freien Willen. Wir können uns bewusst für die Liebe entscheiden. Wir entdecken, welche Muttersprache der Liebe der andere spricht, und wir entscheiden uns, sie zu sprechen, ob sie uns liegt oder nicht. Es behauptet ja niemand, man müsse ein großes Glücksgefühl dabei empfinden. Wir sind einfach nur entschlossen, dem anderen etwas Gutes zu tun.

Wenn wir die Liebessprache des anderen sprechen, füllt sich sein Liebestank und er spricht oft aus Dankbarkeit unsere Liebessprache.

Wenn unser Partner es gelernt hat, unsere Muttersprache der Liebe zu sprechen, wird unser Bedürfnis nach Liebe gestillt. Es ist unsere bewusste Entscheidung, die Bedürfnisse des andern zu erfüllen. Liebe ist eine Entscheidung, die täglich neu getroffen werden muss.